U0564211

图书在版编目（CIP）数据

全科知识点大爆炸.数学知识点大爆炸 / 李骁主编；聪聪老师著；任梦绘. -- 北京：电子工业出版社，2021.8

ISBN 978-7-121-41142-7

Ⅰ. ①全… Ⅱ. ①李… ②聪… ③任… Ⅲ. ①科学知识－少儿读物②数学－少儿读物 Ⅳ. ①Z228.1②O1-49

中国版本图书馆CIP数据核字(2021)第087277号

责任编辑：　季　萌

印　　刷：　中煤（北京）印务有限公司

装　　订：　中煤（北京）印务有限公司

出版发行：　电子工业出版社

　　　　　　北京市海淀区万寿路173信箱　邮编：100036

开　　本：　889×1194　1/20　印张：20　字数：384千字

版　　次：　2021年8月第1版

印　　次：　2024年5月第3次印刷

定　　价：　188.00元（全8册）

凡所购买电子工业出版社图书有缺损问题，请向购买书店调换。若书店售缺，请与本社发行部联系，联系及邮购电话：（010）88254888，88258888。

质量投诉请发邮件至zlts@phei.com.cn，盗版侵权举报请发邮件至dbqq@phei.com.cn。

本书咨询联系方式：（010）88254161转1860，jimeng@phei.com.cn。

数学 知识点 大爆炸

全科知识点大爆炸
·数学·

李骁 / 主编

聪聪老师 / 著

任梦 / 绘

电子工业出版社

Publishing House of Electronics Industry

北京·BEIJING

目录

中国教育现状目前遇到的一大问题就是内卷——孩子们通过上补习班，提前学习高年级的知识，从而成为别人口中的学霸。这种情况早已不是秘密。如果你不提前起跑，很有可能在后面就会被落下。而另一个现状就是，大家都去补习了，可上大学的名额并没有变，大家的起跑线是一样的，却也因此都失去了宝贵的童年。

从儿童大脑发育的角度来讲，6~12岁的孩子处在一个认识世界，形成兴趣，放飞思想的阶段，而过量的补习班却在禁锢住孩子们的想象，这种"揠苗助长"的行为，换来的优秀的成绩却是靠拉低孩子们对世界和未来的创造力而换来的。

创造力和成绩的矛盾看似不可调和，实际上有两全其美的解决方，那就是兴趣至上。如果能够提前引导孩子们喜欢上学习知识，顺其自然地培养出孩子热爱学习的习惯，这样既不会禁锢住他们未来飞翔的高度，也能让孩子获取优秀的成绩，两全其美。

为此，我们请到了各科资深老师、专家、儿童心理发展教育专家和经验丰富的童书编辑，针对6~12岁孩子倾力合著了这套《全科知识点大爆炸》。我们发掘出数学、物理、化学、生物、地理、历史科目中最重要、最具代表性的知识点，力求做到生动有趣，让孩子们提前接触并认识到各科的美妙之处，在他们心里埋下兴趣的种子，等待日后发芽，茁壮成长。后来我们又加入了经济和宇宙的主题，使孩子们平衡发展，在学习客观知识的同时也增加对人类社会性的理解，并且帮助孩子开阔眼界，让他们的思维可以无限延伸。希望在这套书的帮助下，每个孩子都能培养学习兴趣，做掌握全科知识的小达人。

李骁

香港城市大学研究员
中国科学院神经生物学博士

第一章
庞大的数字家族

古人计数的方法

在文字产生以前，上古时期的人们不只用口语和手势进行交流，还会借助图画和实物作为交流的辅助工具。我国很早就有结绳记事的传说。除此之外，有的地方将贝壳穿在绳子上，有的地方在木棒、泥砖上刻上花纹或者插上东西，也可以使用划道、画图等方法记事。我国汉字中的一、二、三等数字就是从划道和木棒记事中演变而来的。

直到今天，中国人还常用"正"字来计数，每一笔代表"一"，而且这个"正"字还包含着"逢五进一"的意思。

当一个数字太大的时候，我们就必须用一种统一的方法来处理它。国际上最常用的方法是十进位制。这是为什么呢？因为人类的手有10个指头，可以自由屈伸，是一个很好的天然计数工具，

1 _____

2 _____

3 _____

所以大家都不约而同地采用了十进位制。每相邻两个计数单位之间的进率都是 10，如 9 加 1 为 10，90 加 10 为 100。

这种方法比较简单，所以逐渐在全世界传播开来。当十进位制在数学领域中应用后，复杂的计算就变得简单多了。

十进位制

古时的计算工具——算盘

在中国的神话传说中，算盘是隶首发明的。黄帝统一各个部落后，百姓过上了安定富足的生活，整天打鱼狩猎，食物越来越多，算账和管账成为家家户户常遇到的事情。一开始，人们用结绳记事、刻木为号的办法。随着获得的猎物越来越多，这些方法难以记录准确的数量，一时间账目变得十分混乱。后来，黄帝手下一个名叫隶首的人经过深思熟虑和反复实验后，找到了一种方便快捷的计数方法。他在每颗珍珠上面打上眼，然后写清位数：个位、十位、百位、千位、万位。这就是最早的算盘。从此，记账就不再是一件麻烦事。

十

百

千

阿拉伯数字

我们经常用到的 0、1、2…… 这样的数字就是阿拉伯数字。虽然叫阿拉伯数字，但它并不是阿拉伯人发明的。其实，最先是由印度人发明了从 0 到 9 这 10 个数字。后来，一位旅行者把这些数字从印度带到了阿拉伯帝国的首都——巴格达。这些数字在阿拉伯地区被广泛传播并使用，接着传到远在西方的欧洲。当时欧洲人还在用写法繁杂的罗马数字，远不如阿拉伯数字简单明了，所以这些数字很快在欧洲普及开来。

3. 表示精确度。当我们用近似数表示精确度时，小数末尾的"0"不能随便去掉。比如加工两个零件，要求一

意义非凡的数字"0"

在实际生活中，通常用"0"表示没有。比如大树上没有一个苹果，那么苹果的数量就用"0"表示。实际上，"0"不仅仅表示没有，还可以表示其他的意义。

1. 表示起点。我们用尺子去量铅笔的长度时，要将铅笔的一端对准尺子上标有"0"的起点处，然后再看另一端所指的刻度。

2. 表示数位。例如，一个学校有 1240 人，这里的"0"不能随便去掉，因为"0"同样占有数位，如果去掉"0"，学校的人数变成 124 人，那就错了。

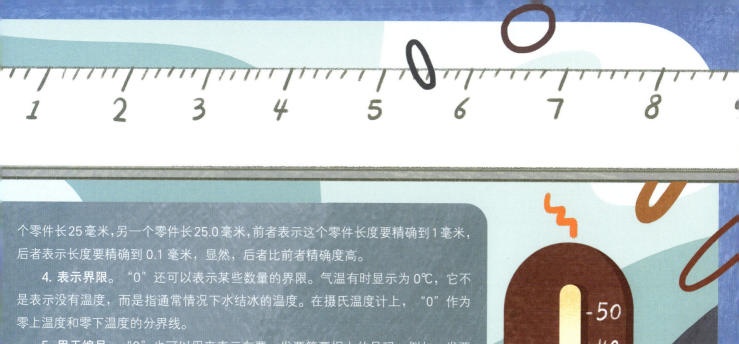

个零件长25毫米，另一个零件长25.0毫米，前者表示这个零件长度要精确到1毫米，后者表示长度要精确到0.1毫米，显然，后者比前者精确度高。

4. 表示界限。"0"还可以表示某些数量的界限。气温有时显示为0℃，它不是表示没有温度，而是指通常情况下水结冰的温度。在摄氏温度计上，"0"作为零上温度和零下温度的分界线。

5. 用于编号。"0"也可以用来表示车票、发票等票据上的号码。例如，发票编码34890002399。

分数的诞生

　　人类历史上最早产生的数是自然数，也就是像0、1、2……这样的数。不过，人们在生活中进行测量、分配和计算等活动时，往往不能得到整数的结果，于是，就出现了分数——把一个单位平均分成若干份，用一份或几份来表示。

百分数

　　百分数又叫百分比、百分率，也是一种分数，它表示100份中的一部分。让我们用蛋糕来打比方，如果把一块蛋糕平均分成了100份，吃掉其中的8份。那么，你吃掉了这块蛋糕的百分之八，写成数字就是8%，还剩下92份，写成数字就是92%。

　　比如，把一块田分成大小相同的2块，每一块就是1/2。把一块田分成大小相同的4块，每一块就是1/4。

　　一个分数由两部分组成，分子和分母。分母表示分成几份，分子表示占几份。

比"0"小的负数

　　有没有比0小的数呢？答案是肯定的，这种数就叫作"负数"。早在两千多年前，人们就了解了正数、负数的概念。比如，在记账的时候有余有亏，在计算粮仓存米的数量时，有进粮和出粮的数量。为了方便统计，就用具有相反意义的数——正数和负数来记录。把余钱记为正，亏钱记为负；进粮数量记为正，出粮数量记为负。

　　婆罗摩笈多在印度最先提出了负数的概念，他用"财产"表示正数，用"欠债"表示负数，并用它们来解释正、负数之间的加减法运算。

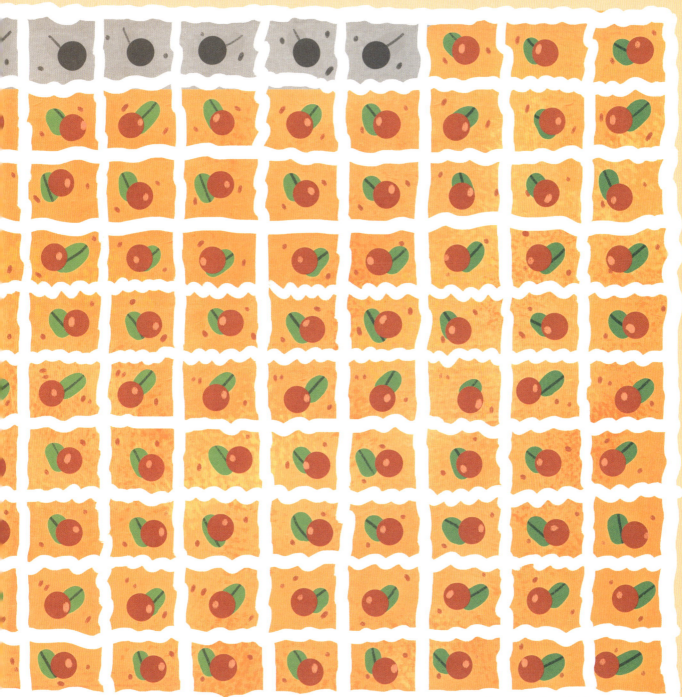

整数的补充——小数

　　小数由整数部分、小数部分和小数点组成。当测量物体的长度时，往往得到一个不是整数的数，于是，人们就发明了小数。小数中的圆点叫作小数点，它是小数的整数部分和小数部分的分界号，有着非常重要的意义。比如，对游泳运动员来说，0.01 秒的时间差距，有可能让他与金牌失之交臂。

　　小数点左边的部分是整数部分，右边的部分是小数部分，整数部分是 0 的小数叫作纯小数，整数部分不是 0 的小数叫作带小数。例如，0.5 是纯小数，5.5 是带小数。

不能随便移动的小数点

　　如果小数点移动了，数的大小就会发生变化。有一个真实的事例：德国弗里堡大学化学专家劳尔赫在研究化肥对蔬菜的有害作用时，无意中发现菠菜含铁量只有教科书里所记载数据的 1/10。多年来，营

质数和合数

质数是指在大于 1 的自然数中，除了 1 和自身以外，不能被其他自然数整除的数，质数也称为素数。比如，2、3、5、7、11……这些数都是质数。2 是最小的质数，也是质数中唯一的偶数。除了 2 以外，其他的所有质数都是奇数，但并不是所有的奇数都是质数。

养学家和医生都认为菠菜中含有大量的铁。为了解开这个谜团，也进行了多次的实验和调查，最后才发现，原来是印刷工人排版时，不小心把小数点向右移动了一位，把数扩大了 10 倍。由于小数点的移动，导致人类被蒙蔽了 100 多年！

与质数相对应的是合数。合数是指在大于 1 的自然数中，除了 1 和它自身外，还能被其他整数整除的自然数。比如，4、6、8、10……这些数都是合数。

加减运算符号的诞生

很早以前，还没有加号、乘号等运算符号。中世纪以后，欧洲商业逐渐发展起来。据说当时卖酒的人，用横线"–"来记录酒桶里的酒卖了多少。在新酒灌入大桶时，就在"–"上加一竖，变成"＋"。灌多少次酒就加多少竖道。商人在装货的箱子上画一个"＋"表示超重，画一个"–"表示重量不足。久而久之，符号"＋"给人增加的印象，符号"–"则表示减少。当时德国的数学家魏德曼引入了这种表示加减的运算符号，由此，加、减号诞生了。

乘除运算符号的诞生

据说，"×"这个符号最先是英国人奥特莱德在 1631 年使用的。他发现乘法也有相加的意思，但是又和加法有所不同，于是把"＋"号旋转了 45°，变成"×"。

阿拉伯人曾在两个数字之间加一条短线表示相除，例如 2/3 表示 2 除以 3。1631 年，数学家奥特莱德也曾设想用符号"："来表示除法，但是并没有被广泛应用。最后，是瑞士数学家哈纳把这两个方式合二为一，用一条横线"–"把"："从中间分开，正式把"÷"作为除法运算的符号。

$2\times2=4$

$1\times1=1$

$3\times3=9$

平方数

  平方数就是一个数乘以它本身后得到的数。表示"平方"和表示"正方形"的单词都是 square，平方数也称为正方形数。

平方根

  所有的平方数都有平方根。比如 4 的平方根是 2，因为 $2\times2=4$；25 的平方根是 5，因为 $5\times5=25$；100 的平方根是 10，因为 $10\times10=100$。

报纸与珠穆朗玛峰

如果把一张普普通通的报纸连续对折 30 次，你知道它有多厚吗？它的厚度远远超过有着世界屋脊之称的珠穆朗玛峰，很难以置信吧？不如我们来算一算它的厚度。

对折 1 次后，报纸的层数是 2 层，
对折 2 次后，报纸的层数是 4 层，
对折 3 次后，报纸的层数是 8 层，
对折 4 次后，报纸的层数是 16 层，
……
以此类推，对折 30 次后，报纸的层数为 1073741824 层。

假设一张普通的报纸厚度为 0.1 毫米的话，那么对折 30 次的厚度为 107374.1824 米，整整比 12 座珠穆朗玛峰加在一起还高呢！

有趣的斐波那契数列

13 世纪初，欧洲著名的数学家写了一本叫作《算盘书》的著作，里面有许多经典有趣的数学题，最有趣的就是关于兔子的问题了。

"如果 1 对兔子每个月能生 1 对小兔子，而每对兔子在它出生后的第 3 个月又开始生新的 1 对兔子。假设在不发生死亡的情况下，由 1 对初生的兔子开始计算，一年后能繁殖多少对兔子呢？"

推算兔子的数量很有趣。我们假设最初的 1 对兔子出生在头一年的 12 月份，显然 1 月份里只有 1 对兔子。

1 月份只有 1 对兔子；

2 月份，这对兔子生了 1 对小兔，总共有 2 对兔子；

3 月份，这对兔子又生了 1 对兔子，共有 3 对兔子；

4 月份，2 月份出生的兔子开始生兔子，这个月共出生了 2 对兔子，总共有 5 对兔子；

5 月份，不仅最初的那对兔子和 2 月份出生的兔子各生了 1 对兔子，3 月份出生的兔子也生了 1 对兔子，总共出生了 3 对兔子，一共有 8 对兔子；

……

照这样一点点推算，也能算出答案，但是斐波那契对这种方法不满意。于是，他深入探索了题目中的数量关系，把推算得到的头几个数列成一串：

1、1、2、3、5、8……

这串数字隐含了一个规律，从第 3 个数起，后面的每个数都是它前面两个数的和。这样，要知道一年后兔子的对数是多少，只要看这串数第 13 个数是多少：1、1、2、3、5、8、13、21、34、55、89、144、233，答案是 233 对兔子。

按照这个规律推算出来的数，构成了数学史上有名的数列，大家都叫它"斐波那契数列"。

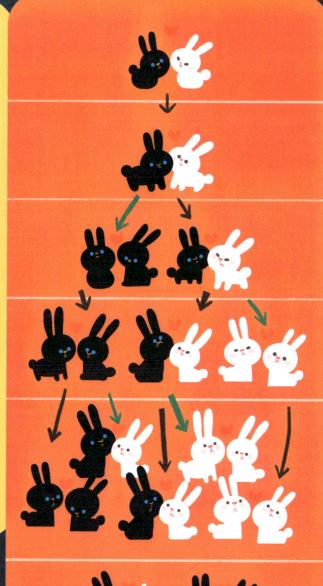

直线的平行与相交

在平面几何中，同一个平面内的一条直线与另一条直线的位置关系总共有3种，分别是相交、平行和重合。在同一平面内，两条直线若相交且只有一个公共点，即交点，那么称这两条直线相交，垂直关系是一种特殊的相交关系；若在同一平面内，两条直线的交点数为0，即没有公共交点，则称两条直线相互平行，笔直的两条铁轨之间就是平行关系；若在同一平面内，两条直线有两个或两个以上乃至多个交点，则称两条直线重合。

角

如果两条线在一个点上交汇，就会形成角。角的单位是度，角度从 0° 到 360°。

锐角：大于 0°，小于 90° 的角。

钝角：大于 90°，小于 180° 的角。

优角：大于 180°，小于 360° 的角。

直角：刚好 90° 的角。

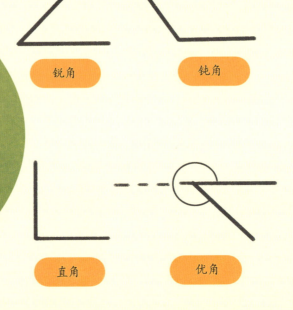

锐角　　钝角

直角　　优角

几何的来源

几何学是数学的一个分支，主要研究图形和空间。几何一词最早来源于希腊语，是"土地测量"的意思。

早在古埃及时期，古埃及人利用立体几何学，用巨石将一座座金字塔建造起来。这些巨石之间紧密无缝隙，堪称世界奇迹。

古埃及时期，尼罗河流域每年临近汛期时，河水水位上涨，淹没了中下游河岸低平的土地。汛期过后，河水水位下降，被淹没的土地重新露出来，成为人们耕作的田地。如何划分这些新土地成为摆在人们面前的问题。划分土地的过程包括研究一块土地的大小、形状、相对位置、面积等，这些都是几何学的具体表现，体现了古埃及人的智慧。

平面图形

平面图形分为3类：

第一类是点。点是一种没有大小的图形。

第二类是线。线有4种，包括直线、射线、线段和曲线。

第三类是面。面有各种各样的类型，种类繁多，如三角形、长方形、平行四边形、梯形、半圆形、五边形、六边形等多边形。

半圆形

长方形

五边形

三角形

直线

射线

线段

曲线

正方形

平行四边形

三角形有 3 条边和 3 个角，三角形又分为 3 种。

等边三角形

等边三角形： 3 条等边，3 个等角。

等腰三角形： 2 条等边，2 个等角。

不等边三角形： 没有等边，也没有等角。

不等边三角形

等腰三角形

多边形就是由 3 条或 3 条以上的线段首尾顺次连接所组成的封闭图形。

常见的多边形有三角形、四边形、五边形、六边形，等等。

趣味小实验：

在一张纸上剪出一个三角形。

撕掉三角形的 3 个角。

把撕下来的 3 个角对在一起，将得到一个新的图形。

b

a   c

b

a   c

b

c   a

第一类是柱体，包括圆柱和棱柱。圆柱之间有底面大小和高低的差异。棱柱除了底面差异、棱长差异，还有棱的数量的差异。常见的棱柱有三棱柱、四棱柱、五棱柱等。

立体图形

立体图形是具有三维空间的图形，分为三大类。

第二类是球体。日常生活中常见的篮球、足球都是球体的具体形式。

第三类是椎体，包括圆锥和棱锥。棱锥有三棱锥、四棱锥、五棱锥等。

趣味小实验：莫比乌斯环

莫比乌斯环是一个很神奇的数学图形，制作起来十分简单，

1. 剪出一条纸条。

2. 把纸带一端扭转 180°，然后将其首尾粘起来。

3. 从纸带中间沿着一个方向画线。

4. 你将发现，线会回到最开始画的地方。

正六边形的蜂巢

　　蜜蜂的蜂巢是自然界最令人惊叹的建筑之一。世界上所有的蜂巢都是按照统一的模式建造的——由无数个大小相同、排列有序的正六边形房间组成，每个房间都被其他相邻的房间包围，两个房间之间隔着一堵蜜蜡做成的墙。为什么蜂巢要建成正六边形的呢？

　　工蜂分泌1千克蜜蜡需要的飞行距离，相当于绕地球赤道8圈的长度。所以蜜蜂建巢时要尽可能节省这些珍贵的蜜蜡。正六边形的建筑结构密合度最高，所需材料最少，空间最大，而且承受冲击力强，足够坚固。再加上蜜蜂的身体是圆柱形的，在正六边形的房间里，也不会觉得拥挤，因此，蜂巢中的房间是正六边形的。

圆形的球

球是球体的简称。以圆的任意一条直径为旋转轴，将这个圆旋转一周，会得到一个曲面图形，这个曲面就是球面。原来圆的圆心和半径与新的球体的球心与半径相同。用任意一个平面去切一个球，得到的切面都是圆面。

神奇的圆

圆给人一种柔和的感觉，它没有棱角，是一个完美的几何图形。车轮的轮胎是圆形的；我们吃的比萨是圆形的；我们使用的硬币是圆形的。

与圆有关的数学概念有圆心、半径、扇形、周长、直径等。

起初，人们在研究圆的周长与直径的关系时发现，在比较周长与直径时，总是存在一个相对确定的值，这个数就是圆周率 π。后来，人们发现，圆的面积和周长都与圆周率有关。

平移和旋转

在一个平面内，一个图形沿着一个方向移动一段距离就叫作平移。在这个过程中，图形的大小、形状都没有发生变化，只有位置发生了改变。比如电梯从一层上升到顶层，汽车在笔直的马路上向前行驶。

旋转指的是一个图形绕着一个点朝着一个方向转动，它可以转动一圈、半圈，或者不停地转动，比如风扇的转动、飞机螺旋桨的转动。旋转是有方向的，按照顺时针或者逆时针旋转，旋转一样不改变图形的大小和形状。旋转过程中会有一个旋转角，假设你用手拨动时钟的时针，把它从 1 点位置沿顺时针方向转到 4 点位置，时针转动了 90°，所以旋转角就是 90°

对称图形

中国的很多建筑都是依据轴对称的理念建造而成的，比如唐代的长安城就是以明德门到玄武门一线为轴建成的，这条中轴线将长安城一分为二，左右完全对称。故宫也是轴对称的建筑群，其中轴线上有太和殿、中和殿等标志性建筑。那什么是轴对称？什么是轴对称图形呢？

如果将一个图形沿着一条直线对折，直线两侧图形能够完全重合，那么这个图形就是轴对称图形，这条直线就是对称轴。

将一个图形围绕着某个点旋转 180°，若它能与原图形重合，那么这个图形是中心对称图形，这个点就是对称中心。最常见的中心对称图形有线段、矩形、菱形、正方形、圆等。

　　还有一种对称图形叫作旋转对称图形。把一个图形绕着一个定点旋转一个角度后，与初始图形重合，这种图形叫作旋转对称图形，这个定点叫作旋转对称中心，旋转的角度叫作旋转角。所有的中心对称图形都是旋转对称图形（ 0°＜旋转角＜360° ），但不是所有的旋转对称图形都是中心对称图形。比如，香港特别行政区区徽紫荆花图案是一个以 72° 为旋转角的旋转对称图形，但它既不是轴对称图形，也不是中心对称图形。

轻松一下：火柴棍数学游戏大闯关

1. 移动1根火柴，让等式成立。

2. 用3根火柴摆出一个既大于3又小于4的数。

3. 将13根火柴组成4个正方形，你能只移走其中3根，然后将剩余的火柴移动2根，使正方形的数量变成2个吗？

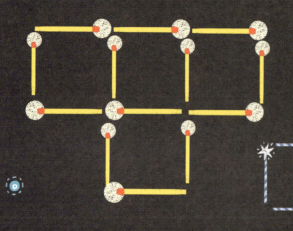

4. 用同样长的火柴，拼出6个正三角形。移动其中2根，变成5个正三角形。再移动2根，变成4个正三角形。照此方法，怎样移动火柴棍，才能将正三角形个数变成2个呢？（正三角形大小不限，重叠处不算在内）

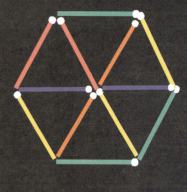

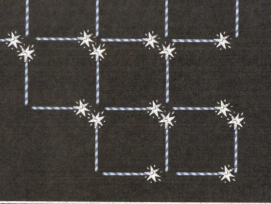

5. 你能只移动2根火柴，使之出现8个与原来大小相同的正方形吗？试一试一共有几种方法呢？

答案

1. 1 加 1 = 2

2. π

3.

4.

5. 从 A、B、C、D 中的任意一个正方形的外侧移动 2 根火柴，使 E 和 F 分别组成正方形。一共有 4 种方法。

第三章

无处不在的度量衡

度量衡的定义

你知道什么是度量衡吗？它是计量长短、容积、轻重的标准的统称。"度"是计量长短的，"量"是计量容积的，"衡"是计量轻重的。通过测量，我们能比较两个物体的大小、轻重、宽窄……如果没有度量衡，我们的世界就要乱套了。

衡

秦始皇统一度量衡

在秦朝以前，各国的钱币和度量衡单位都不统一，各国商贾和百姓之间的交易并不方便。比如，A 地区的 1 斤萝卜的价格只有 B 地区 1 斤萝卜的一半，B 地区的 1 尺布的价格又是 C 地区的 2 倍，因此导致市场混乱。

秦统一六国后，秦始皇下令统一度量衡，由李斯起草文件。当时的度量标准已经基本确定，李斯唯独对"衡"还拿不定主意，于是去请教秦始皇。秦始皇大笔一挥，写下了"□下公平"4 个大字。李斯拿到这 4字百思不得其解，为了防止秦始皇怪罪，就干脆把这四个字的笔划加起来，成了"衡"的单位，也就是 1 斤等于

人身上的尺子

在古代，人们没有精确的量具，便拿自己身上的某一个部位当成量具。"尺"这个字就是证据。伸出你的拇指和中指，去量一段长度，你的手型像不像"尺"这个字呢？另外，"丈"在古代是指成年男子的身高，直到今天，成年男子还常被称为"大丈夫"。

"一拃（zhǎ）"也是一把尺子，假如你的一拃长度为10厘米，你可以量一下自己的作业本有多长。

"一步"也是一把尺子，如果你的一步为50厘米，你可以沿着操场跑道走一圈，数数自己一共走了多少步，从而算出操场跑道的长度。

"一庹（tuǒ）"也是一把尺子，将两臂向左右两边平伸，即一庹。如果你抱住一棵大树，两手正好合拢，那么这棵树树干的周长就是一庹的长度。

每个人将两臂伸直，两手指尖的距离和你的身高大约是一样的。如果一庹为120厘米，那么你的身高大约也是120厘米。

16两。俗语中，半斤对八两，就是根据这个单位来的。后来，为了计算方便，才改成1斤等于10两。

光年

测量长度

测量一个物体的长度时，你需要选择合适的计量单位。

测量特别小的物体长度时，可以用毫米。

测量大一点的物体长度时，可以用厘米。

测量更大物体的长度时，可以用米。

测量距离时，可以用千米。

1千米等于1000米，这个距离相当于你骑了5分钟自行车后行驶的距离。

用尺子测量时，一定要确保物体的一头对准刻度"0"。

分米

厘米

毫米

用光当尺子——光年

宇宙实在太大了，不论用直尺、米尺还是卷尺去量，都无法量出具体数值，于是人们想到一个简便的方法——用光去量。

光是宇宙中速度最快的物质，它 1 秒大约能跑 30 万千米。从地球到太阳的距离大约为 1.5 亿千米，如果人来走，得走 4270 年，可是光只需要 8 分 18 秒就走完了。

天文学家用"光年"来丈量宇宙，1 光年就是光跑了一年的距离。一年有 365 天，也就是31536000 秒，光可以跑大约 9460700000000 千米呢，是不是很惊人！

最常见的国际制单位

米：国际单位制中表示长度的单位，由法国人最先采用，这是最基本的长度单位，可用来衡量长、宽、高，符号为 m。

千克：国际单位制中表示质量的单位，是根据位于巴黎的国际计量局里的一块圆柱体合金规定的，这块圆柱体的质量就是标准的 1 千克。

面积是指平面图形的大小。你知道常见的几种图形的面积算法吗？长方形的面积是长与宽的乘积；三角形的面积是底与高的乘积的一半；圆的面积是圆周率与半径平方的乘积。常见的面积单位有平方米、平方千米等。

长度单位与面积单位的对照表

长度单位	面积单位	面积单位表示的意义
米	平方米	边长为 1 米的正方形的面积
厘米	平方厘米	边长为 1 厘米的正方形的面积
千米	平方千米	边长为 1 千米的正方形的面积

表示一张纸的大小，通常用平方厘米。
表示房屋面积大小，通常用平方米。
表示学校大小的时候，用平方米太小了，可以用公亩。
表示森林大小，用公顷比较恰当。
表示国家的领土大小，就得用平方千米了。

和长度单位一样，不同场合我们也需要不同的面积单位。

面积单位	与平方米的换算
平方米	1 平方米
平方厘米	0.0001 平方米
公亩	100 平方米
公顷	10000 平方米
平方千米	1000000 平方米

巧测体积

　　体积是形容一个空间几何体在三维空间中所占空间的大小。平面图形在空间中是没有体积的。规则的立体图形可以用公式计算出体积大小，而不规则形状的物体的体积没有办法通过公式直接计算得出，只能借助别的手段了。

　　1. 将一个能装下整只鸭梨的杯子加满水，杯子下面放一个比较深的盘子。

　　2. 将鸭梨全部浸入水中，杯子里面的水就会溢到盘子里。

　　3. 将溢出的水全部倒入一个玻璃杯中。

　　4. 取另一只鸭梨，重复同样的步骤，将溢出的水倒入另一个与步骤 3 中所用杯子相同的玻璃杯里，然后比较两个杯子里水面的高度，从而判断鸭梨的大小。水面高的，代表对应的鸭梨体积就大。

　　用水面高度比较物体体积大小的方法看似万能，但并不是最精确的。

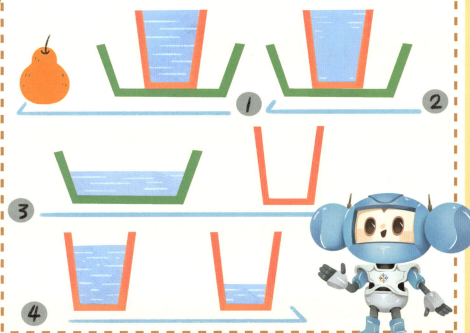

认识体积单位

容积是指容器所能容纳物体的体积，所以容积单位也是体积单位的一种。

我们去超市买饮料，会发现不同包装上标注着不同的容量。易拉罐上标注350毫升，小塑料瓶标注500毫升，大瓶标注着1.5升。毫升、升都是容积单位。

1升是边长为10厘米的立方体的体积。

质量单位	与千克的关系
千克（kg）	1千克
克（g）	0.001千克
吨（t）	1000千克

$$1L=10cm×10cm×10cm=1000cm^3$$

1毫升是边长为1厘米的立方体的体积。

$$即\ 1mL=1cm×1cm×1cm=1cm^3$$

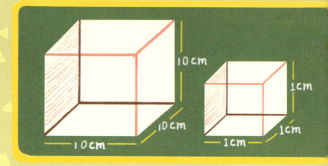

体积单位示意图

质量和大小不是一回事

大象是陆地上体积最大的动物，同时也是最重的动物。小猫看起来比你体积小，所以质量也比你轻……似乎越大的东西就越重，实际上并不一定。同样大小的铅球和皮球质量就完全不一样。两个相同质量的物体，其大小可能也不一样。

生活中常见的温度

冰水 0℃

春天 23℃

温度的测量

摄氏度：摄氏度是目前使用最为广泛的一种温度单位，符号为℃。它把水结冰的温度规定为 0℃，水沸腾的温度规定为 100℃，这之间的温度，等分为 100 份，每一份为 1℃。

华氏度：一些以英语为主要语言的国家则使用华氏度为温度单位，华氏度符号为°F。水结冰的温度，如果用华氏度来表示则是 32°F。

沸腾的水 100℃

体温 36.5℃

咖啡 85℃

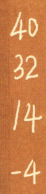

趣味古代计时工具

利用太阳影子计时——日晷

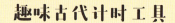

古人发现阳光照在物体上产生的黑影会因时间推移而变化，于是利用这一现象来计时。这种计时工具就是日晷。它由一块画有刻度的木板（石板）和上面插着的一根竹竿组成。当太阳光照射竹竿，影子指向哪个刻度，就代表现在处于哪个时刻。

漏刻计时——水钟

当太阳下山或者阴天时，无法用日晷来计时。于是人们想到了用水钟计时的方法。先在水钟内壁刻上刻度，在底部开一个小孔，然后将水钟装满水，根据水钟内水位的变化来计时。水位到达哪一刻度，就代表现在的时间。

流沙计时——沙漏

北方冬天寒冷，水结成冰无法计时，于是人们又想到用沙子代替水钟计时的方法。沙漏由上下两个容器组成，中间由管道连接，可以让沙子从上往下流。人们依据沙子流完的时间来计时。沙漏不受水压影响，比水钟更准确。

时区和时差

为了方便，人们在 1884 年制定了世界标准时间，规定以本初子午线（通过英国格林尼治天文台的经线）为世界时区的起始线，往东、往西各划分为 12 个时区，每向东或向西 15° 便增加或减少 1 小时。

中国的国土面积大，差不多横跨了 5 个时区，因此中国采用北京所在的东八区的区时，即北京时间。而日本位于东九区，比北京时间早 1 个小时。当北京时间为上午八点时，东京时间为上午九点。

日、月、年

人类很早以前就有计量时间的需要，最开始认识的是"日"。天亮了，太阳从东方升起，原始人外出打猎；傍晚，太阳落山了，原始人带着猎物回家。就这样，人们按照太阳的升落来安排自己的生活。

一日，就是地球本身自转一周的时间，一日有24个小时。

一月，就是月亮绕地球一周的时间，叫作一个朔望月。一个朔望月的长度是29日12时44分3秒。

一年，就是地球绕太阳公转一周的时间，一年为365日5小时48分46秒，也叫"回归年"。如果每年按照365天来计算，每过4年就多出来将近1天的时间。因此，人们规定，4年为一闰，闰年的2月有29天，以补上少算的时间。

时间与钟表中的六十进制

1天有24个小时，而不是10个小时或20个小时；1小时有60分钟，而不是100分钟；1分钟有60秒，而不是100秒。这是为什么呢？

聪明的古巴比伦人知道，不论什么样的圆都可以等分为6份，并且他们知道如何使用6的倍数——12和24，所以他们根据太阳的圆周运动，用圆来表示时间的流逝，并将圆等分成6份来表示时间。

随着科学不断进步，为了更准确报时，人们又将圆等分成12份。经过不断演变，如今，一天被分成24份，每一份就是1小时。

后来，人们还将六进制和十进制组合在一起，形成六十进制，用来表示时间。所以1小时被分成了60分钟，1分钟被分成60秒。

概率与博弈

第四章

概率的定义

概率是衡量一件事情发生的可能性大小的量。这件事很大程度会发生，概率就大。这件事很难发生，概率就小。通过计算，我们能得出准确的概率数字。

正面还是反面？

在一场乒乓球比赛开始前，裁判员会拿出一枚硬币，随意指定一名运动员，要他猜硬币抛到地上后，朝上的一面是正面还是反面。若猜对了，就由这个运动员先发球，猜错了就后发球。为什么要用这种方法来决定谁先发球呢？

这是因为落在地上的硬币朝上的一面出现正面或反面的可能性是一样的，它们出现的概率都是一样的。

数学家皮尔逊曾经抛了 24000 次硬币，最后得出以下的试验结果：

当抛掷硬币的次数增多，出现的频率就越接近 1/2，并在 1/2 附近摆动，因此可以说，抛掷一次硬币，朝上的那一面为硬币正面和硬币背面的概率都是 50%。

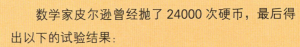

抛掷硬币的次数 n	出现正面的次数 m	出现正面的频率 m/n
200	104	0.52
1000	506	0.506
2000	986	0.493
4000	2030	0.5075
5000	2516	0.5032

概率的范围

概率的数值范围在 0 到 1 之间。如果这件事肯定发生，概率就是 1；如果这件事肯定不会发生，概率就是 0。很多事情发生的概率是在 0 和 1 之间。

概率为 1：我们仔细观察生活中的各种现象，就会发现许多事件在一定的条件下必然发生。比如：早上太阳一定会从东方升起；在地球上，往上抛的石头一定会往下落。我们把这类的事件称为必然事件，是肯定会发生的事情，所以概率是 1。

概率为 0：还有的事件在一定条件下绝对不会发生。比如，一只蚂蚁抬起一头大象；不借助任何工具，人可以飞到月球上。我们把这类事件称为不可能事件，完全不可能发生，所以概率是 0。

此外，还存在着另一类事件，在一定条件下，它们可能发生，也可能不发生。比如，春天在地里种下向日葵的种子，在长出小苗前，究竟有多少粒种子会发芽呢？这是不可能在事前断定的，我们把这类事件叫作随机事件或者偶然事件。

有一些事件不太可能发生，例如，撒哈拉沙漠下雨，尽管这件事不太可能发生，但也不是完全没有可能，那么它发生的概率就会大于 0。

如果一件事情发生的可能性非常大，但又不是绝对会发生，那么它的概率就接近 1 了。比如，小王每天上班几乎都会选择公交车出行，这件事的概率接近 1。

博弈论

博弈论，也称对策论，是现代数学的一个分支，是用于研究具有斗争或竞争性质的现象的数学理论和方法。在对策行为中，有权决定自己行动方案的参加者被称为局中人。每个局中人为达到自己的目的选择实际可行的完整方案称为策略。在平等的对局中，两个局中人各自根据对方的策略变换自己的对抗策略，从而达到让自己取胜的目的。

引人深思的囚徒困境

两名囚犯A和B作案后被警察抓住，隔离审讯。如果两个人都坦白交代，那每个人判刑8年；如果一个人坦白，另一个人不坦白，那么坦白的人被释放，不坦白的人判刑10年；如果两个人都不坦白，则因证据不足各判刑1年。

从右图的分析不难发现，由于囚犯之间缺乏沟通，两个人均害怕自己被对方出卖。所以，假如双方都保持沉默，则两者的利益最大。但实际上，大家还是会出于担心自己被出卖而选择坦白交代。这个故事成为博弈论中最著名的案例，故事中囚犯权衡利弊的过程，就是博弈论的过程。

囚徒困境	B 坦白	B 保持沉默
A 坦白	8年　8年	0年　10年
A 保持沉默	10年　0年	1年　1年

田忌赛马

春秋时期，齐王和大将田忌进行赛马。双方约定各自从自家的上、中、下 3 个等级的马匹中选一匹，每场比赛各出一匹马，一共比 3 场。

第一次比赛的时候，双方用相同等级的马匹进行比赛，上等马对上等马，中等马对中等马，下等马对下等马。由于齐王每个等级的马匹实力都比田忌的马匹强，所以田忌连着输了 3 场。

第二次比赛的时候，孙膑为田忌出谋划策，让他用自己的下等马对齐王的上等马，再用上等马对齐王的中等马，最后用中等马对齐王的下等马。最终田忌两胜一负，赢了齐王。

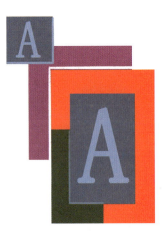

第五章

数学桂冠上的明珠

地图里的四色定理

　　四色定理，又称四色猜想、四色问题，它最初是由一个名叫格斯里的学生在 1852 年提出的。古德里在绘制地图中发现，只需要 4 种颜色，就能保证有相邻边界的分区颜色不同。也就是说，任何一张地图都可以用 4 种颜色来涂色，使得具有共同边界的国家涂上完全不同的颜色。这个猜想一直未能得到证明，进入 20 世纪以后才取得了进展。

　　1939 年，英国数学家富兰克林证明，对于 22 个国家以下的地图，可以用 4 种颜色来涂色。

　　1950 年，又有人证明对于35 个国家以下的地图，可以用4 种颜色来涂色。

　　1968 年，又有人证明对于39 个国家以下的地图，可以用4 种颜色来涂色。

　　……

　　到了 1976 年，这个猜想终于得到证明。美国的数学家哈肯和阿贝尔运用计算机程序，证明了"四色猜想"是正确的。这个历经百余年的数学难题终于得到解决，从此"四色猜想"成为"四色定理"。

著名的哥德巴赫猜想

大约在 250 年前，德国数学家哥德巴赫发现了一个有趣的现象：任何大于 5 的整数都可以表示为 3 个质数的和。他验证了许多数字，这些结论都是正确的，但是他找不到从理论上证明它的方法，于是他向当时著名的数学家欧拉请教。

他首先列出了一个长长的数字表：

6=2+2+2=3+3

8=2+3+3=3+5

9=3+3+3=2+7

10=2+3+5=5+5

11=5+3+3=5+6

12=5+5+2=5+7

……

99=89+7+3

100=11+17+71=97+3

101=97+2+2

102=97+2+3=97+5

……

这个表可以无限延伸，实际上他发现这个问题应该分成两个部分，即证明所有大于2的偶数总能写成2个质数之和，所有大于7的奇数总能写成3个质数之和。

这个结论虽然看似简单，但实际上证明起来困难无比，长期以来这个问题一直困扰着数学界。谁能证明，谁就能登上数学王国的最高峰，因此有人把它比作"数学皇冠上的一颗明珠"。

直到今日，"哥德巴赫猜想"也未能变成定理，这也正是它以"猜想"身份闻名天下的原因。